Hans Christian Andersen

Weihnachtsmärchen

Weihnachtsmärchen
© Th. Gut Verlag, Zürich 2013
Gestaltung: fraufederer.ch
Druck und Bindung: Südostschweiz Presse und Print AG
ISBN 978-3-85717-222-9
Alle Rechte vorbehalten.
Besuchen Sie uns im Internet unter: www.gutverlag.ch

Hans Christian Andersen

Weihnachtsmärchen

Der Tannenbaum ✶ Der Schneemann

Mit Illustrationen von Cornelia Ziegler

Th. Gut Verlag

Hans Christian Andersen (1805 – 1875)

Hans Christian Andersen wurde am 2. April 1805 in Odense auf der dänischen Insel Fünen geboren. Als Sohn des Schuhmachers Hans Andersen (1782–1816) und der Wäscherin Anne Marie Andersdatter (ca. 1775–1833) wuchs Hans Christian Andersen in ärmlichen Verhältnissen auf. Mit dem Ziel, eine Karriere als Theaterschauspieler zu machen, verließ er als Vierzehnjähriger sein Elternhaus und ging nach Kopenhagen. Als Andersens Vorhaben scheiterte, nahm ihn Konferenzrat Jonas Collin, der damalige Direktor des Königlichen Theaters Kopenhagen, in sein Haus auf. Collins Sohn Edvard sollte dem Herumtreiber Manieren beibringen. Zu Edvard Collin fühlte sich Hans Christian Andersen sehr hingezogen. Doch obwohl die beiden eine Art von Freundschaft verband, hielt ihn der Sohn seiner Gastfamilie stets auf Distanz und verweigerte ihm zeitlebens das Du. Eine enge Freundschaft verband den jungen Dichter hingegen mit der jüngsten Tochter Louise Collin.

Unterstützt von der Theaterdirektion und König Friedrich VI. von Dänemark durfte Andersen 1822 die Lateinschule in der kleinen Provinzstadt Slagelse besuchen. Bald wechselte er an die Lateinschule in Helsingør und absolvierte im Anschluss ein Studium an der Universität von Kopenhagen.

Nach seinem Studium unternahm Hans Christian Andersen mehrere Reisen nach Deutschland, England, Italien, Spanien und in das Osmanische Reich. Andersen hatte schon früh erste Gedichte und Märchen geschrieben, doch bis zu diesem Zeitpunkt ohne nennenswerten Erfolg. Erst im Jahr 1835 gelang ihm mit dem Roman «Improvisatoren» der grosse Durchbruch. Noch im selben Jahr wurde das Werk unter dem Titel «Jugendleben und Träume eines italienischen Dichters» ins Deutsche übersetzt. Ab diesem Zeitpunkt wurden auch seine Märchen veröffentlicht.

In den Jahren 1835–1848 erschien Andersens Märchensammlung «Märchen, für Kinder erzählt». Ähnlich wie in der Märchensammlung der Brüder Grimm sind in ihr Bearbeitungen bekannter Volksmärchen enthalten. Daneben fügte Andersen der Sammlung aber eine grosse Anzahl eigener Werke hinzu.

Seine unerfüllte Liebe zu Riborg Voigt – der Schwester seines Studienfreunds Christian Voigt – verarbeitete Andersen im Märchen von der kleinen Meerjungfrau. Neben diesem wohl berühmtesten seiner Märchen wurden auch «Die Prinzessin auf der Erbse», «Des Kaisers neue Kleider», «Die Schneekönigin», «Das Mädchen mit den Schwefelhölzern» und «Das hässliche Entlein» weltbekannt.

Andersen verfasste und bearbeitete insgesamt über 160 Märchen. Obwohl zuerst hauptsächlich Kinder sein Zielpublikum waren – Andersen bearbeitete die Märchen so, dass sie einerseits seinen literarischen Ansprüchen genügten und andererseits von Kindern verstanden werden konnten – erweiterte sich sein Publikum stetig. Dank feinsinniger Ironie und subtiler Gesellschaftskritik interessierten sich auch immer mehr Erwachsene für seine Texte.

Hans Christian Andersen starb am 4. August 1875 kinderlos in Kopenhagen. Er wurde auf dem Assistenzfriedhof im Kopenhagener Stadtteil Nørrebro begraben. Die Skulptur der kleinen Meerjungfrau, die 1913 zu Ehren Andersens an der Uferpromenade aufgestellt wurde, ist mittlerweile zum Wahrzeichen Kopenhagens geworden.

Gaby Ferndriger

Hans Christian Andersen

Der Tannenbaum

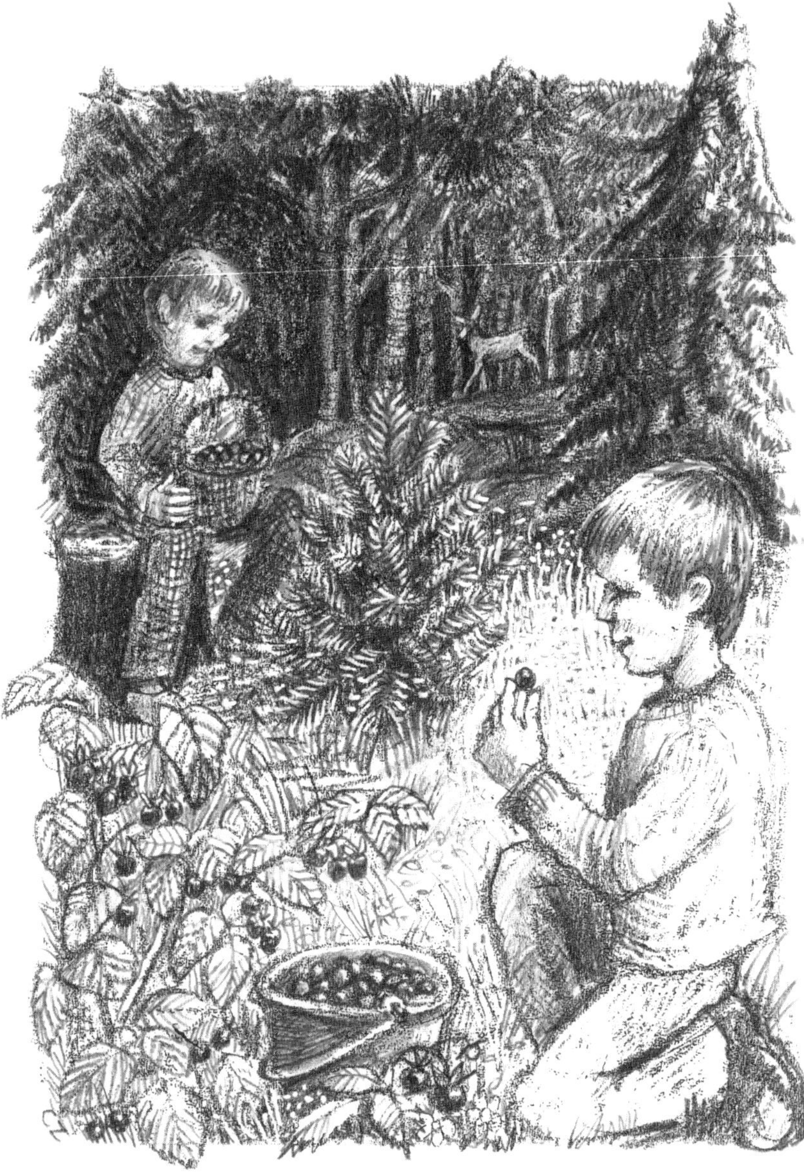

Draussen im Walde stand ein niedlicher, kleiner Tannenbaum. Er hatte einen guten Platz: Sonne konnte er bekommen, Luft war genug da, und ringsumher wuchsen viel grössere Kameraden, sowohl Tannen als Fichten. Aber dem kleinen Tannenbaum schien nichts so wichtig wie das Wachsen. Er achtete nicht der warmen Sonne und der frischen Luft, er kümmerte sich nicht um die Bauernkinder, die da gingen und plauderten, wenn sie herausgekommen waren, um Erdbeeren und Himbeeren zu sammeln. Oft kamen sie mit einem ganzen Topf voll oder hatten Erdbeeren auf einen Strohhalm gezogen. Dann setzten sie sich neben den kleinen Tannenbaum und sagten: «Wie niedlich klein ist der!» Das mochte der Baum gar nicht hören.

Im folgenden Jahre war er ein langes Glied grösser, und das Jahr darauf war er um noch eins länger, denn bei den Tannenbäumen kann man immer an den vielen Gliedern, die sie haben, sehen, wie viele Jahre sie gewachsen sind.

«Oh, wäre ich doch so ein grosser Baum wie die andern», seufzte das kleine Bäumchen. «Dann könnte ich meine Zweige so weit umher ausbreiten und mit der Krone in die Welt hinausblicken! Die Vögel würden dann Nester zwischen meinen Zweigen bauen, und wenn der Wind weht, könnte ich so vornehm nicken, gerade wie die andern dort!» Er hatte gar keine Freude am Sonnenschein, an den Vögeln und den roten Wolken, die morgens und abends über ihn hinsegelten.

War es nun Winter und der Schnee lag ringsumher funkelnd weiss, so kam häufig ein Hase angesprungen und setzte gerade über den kleinen Baum weg. Oh, das war ärgerlich! Aber zwei Winter vergingen, und im dritten war das Bäumchen so gross, dass der Hase um es herumlaufen musste.

«Oh, wachsen, wachsen, gross und alt werden, das ist doch das einzige Schöne in dieser Welt!», dachte der Baum.

Im Herbst kamen immer Holzhauer und fällten einige der grössten Bäume. Das geschah jedes Jahr, und dem jungen Tannenbaum, der nun ganz gut gewachsen war, schauderte dabei, denn die grossen, prächtigen Bäume fielen mit Knacken und Krachen zur Erde, die Zweige wurden abgehauen, die Bäume sahen ganz nackt, lang und schmal aus; sie waren fast nicht zu erkennen. Aber dann wurden sie auf Wagen gelegt, und Pferde zogen sie davon, aus dem Walde hinaus. Wohin sollten sie? Was stand ihnen bevor?

Im Frühjahr, als die Schwalben und Störche kamen, fragte sie der Baum: «Wisst ihr nicht, wohin sie geführt wurden? Seid ihr ihnen begegnet?»

Die Schwalben wussten nichts, aber der Storch sah nachdenkend aus, nickte mit dem Kopfe und sagte: «Ja, ich glaube wohl. Mir begegneten viele neue Schiffe, als ich aus Ägypten flog. Auf den Schiffen waren prächtige Mastbäume; ich darf annehmen, dass sie es waren. Sie hatten Tannengeruch; ich kann vielmals von ihnen grüssen, sie sind schön und stolz!»

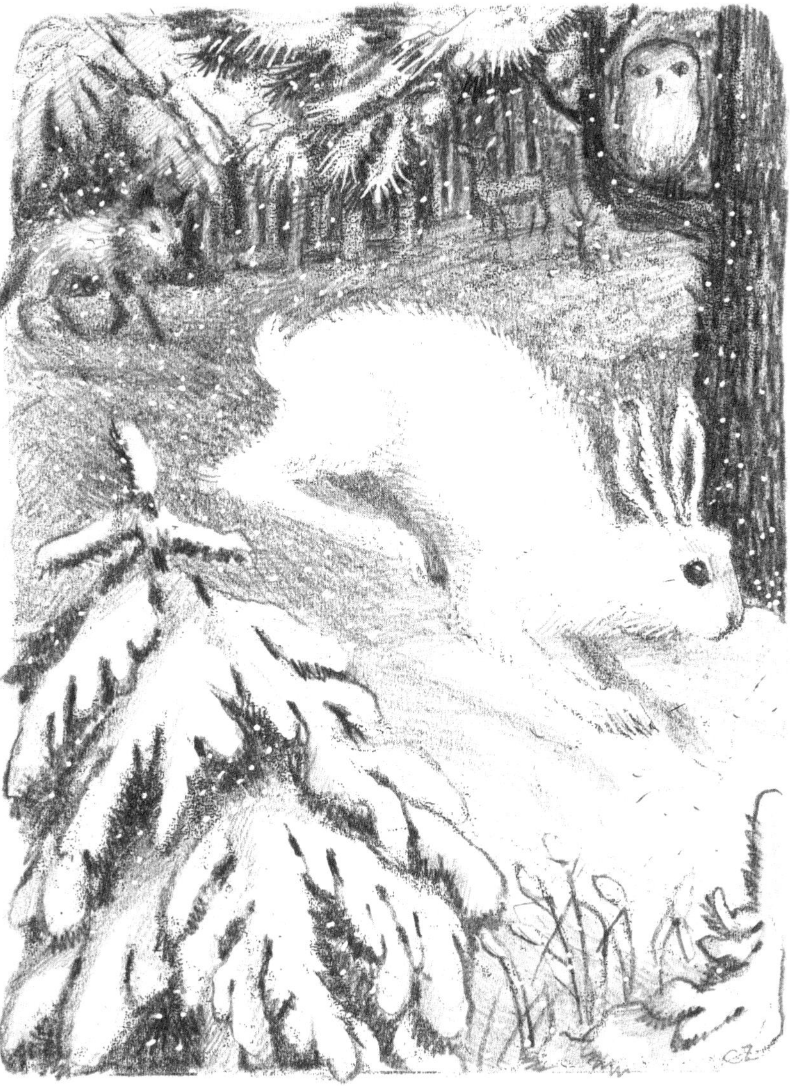

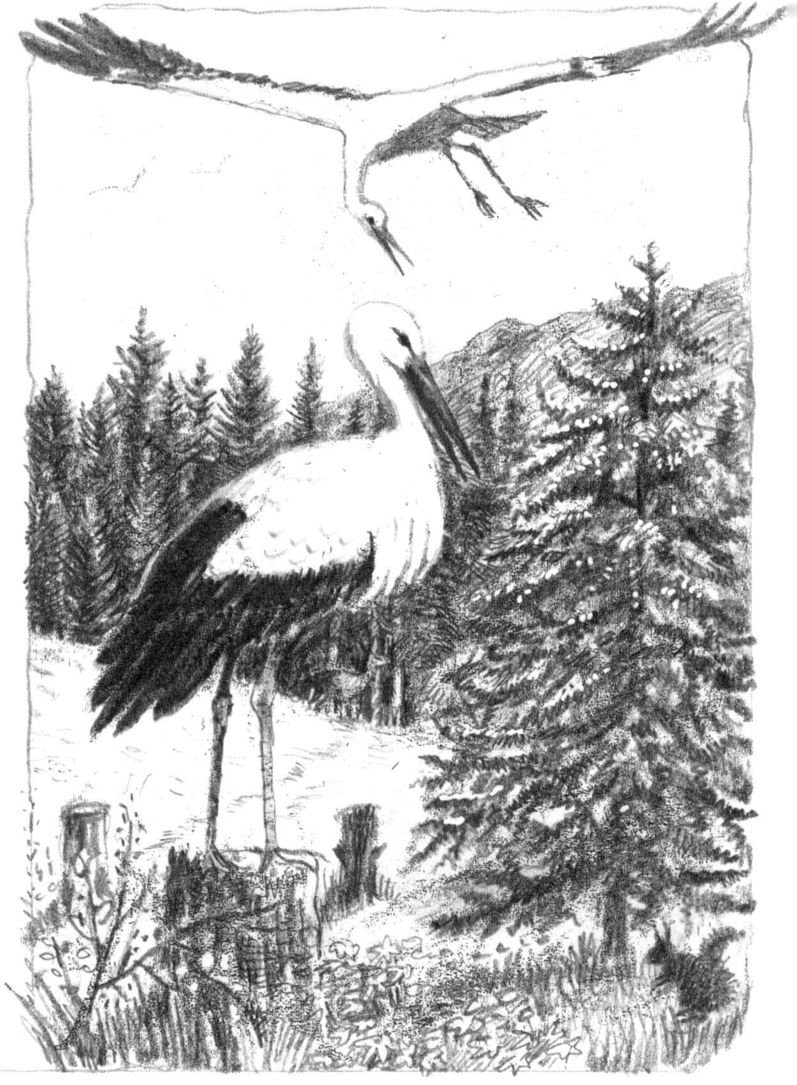

«Oh, wäre ich doch auch gross genug, um über das Meer hinfahren zu können! Was ist das eigentlich, dieses Meer, und wie sieht es aus?»

«Ja, das ist viel zu weitläufig zu erklären!», sagte der Storch, und damit ging er.

«Freue dich deiner Jugend!», sagten die Sonnenstrahlen. «Freue dich deines frischen Wachstums, des jungen Lebens, das in dir ist!»

Und der Wind küsste den Baum, und der Tau weinte Tränen über ihn, aber das verstand der Tannenbaum nicht.

Wenn es gegen die Weihnachtszeit war, wurden ganz junge Bäume gefällt, Bäume, die oft nicht einmal so gross oder gleichen Alters mit diesem Tannenbaume waren, der weder Rast noch Ruhe hatte, sondern immer davonwollte. Diese jungen Bäume, und es waren gerade die allerschönsten, behielten immer alle ihre Zweige. Sie wurden auf Wagen gelegt, und Pferde zogen sie zum Walde hinaus.

«Wohin sollen diese?», fragte der Tannenbaum. «Sie sind nicht grösser als ich, einer ist sogar viel kleiner. Weswegen behalten sie alle ihre Zweige? Wohin fahren sie?»

«Das wissen wir! Das wissen wir!», zwitscherten die Meisen. «Unten in der Stadt haben wir in die Fenster gesehen. Wir wissen, wohin sie fahren! Oh, sie gelangen zur grössten Pracht und Herrlichkeit, die man sich denken kann! Wir haben in die Fenster gesehen und erblickt, dass sie mitten in der warmen Stube aufgepflanzt und mit den schönsten Sachen – vergoldeten Äpfeln, Honigkuchen, Spielzeug – und vielen hundert Lichtern geschmückt werden.»

«Und dann?», fragte der Tannenbaum und bebte in allen Zweigen. «Und dann? Was geschieht dann?»

«Ja, mehr haben wir nicht gesehen. Das war unvergleichlich schön!»

«Ob ich wohl bestimmt bin, diesen strahlenden Weg zu betreten?», jubelte der Tannenbaum. «Das ist noch besser, als über das Meer zu ziehen. Wie leide ich an Sehnsucht! Wäre es doch Weihnachten! Nun bin ich hoch und entfaltet wie die andern, die im vorigen Jahre davongeführt wurden. Oh, wäre ich erst auf dem Wagen, wäre ich doch in der warmen Stube mit all der Pracht und Herrlichkeit! Und dann? Ja, dann kommt noch etwas Besseres, noch Schöneres, warum würden sie mich sonst so schmücken? Es muss noch etwas Grösseres, Herrlicheres kommen! Aber was? Oh, ich leide, ich sehne mich, ich weiss selbst nicht, wie mir ist!»

«Freue dich unser!», sagten die Luft und das Sonnenlicht. «Freue dich deiner frischen Jugend im Freien!»

Aber er freute sich durchaus nicht. Er wuchs und wuchs. Winter und Sommer stand er grün; dunkelgrün stand er da. Die Leute, die ihn sahen, sagten: «Das ist ein schöner Baum!» Und zur Weihnachtszeit wurde er von allen zuerst gefällt. Die Axt hieb tief durch das Mark. Der Baum fiel mit einem Seufzer zu Boden. Er fühlte einen Schmerz, eine Ohnmacht, er konnte gar nicht an irgendein Glück denken. Er war betrübt, von der Heimat scheiden zu müssen, von dem Flecken, auf dem er emporgeschossen war. Er wusste ja, dass er die lieben, alten Kameraden, die kleinen Büsche und Blumen ringsumher nie mehr sehen würde, ja vielleicht nicht einmal die Vögel. Die Abreise hatte durchaus nichts Behagliches.

Der Baum kam erst wieder zu sich selbst, als er im Hofe mit andern Bäumen abgeladen wurde und einen Mann sagen hörte: «Dieser hier ist prächtig! Wir wollen nur den!»

Nun kamen zwei Diener im vollen Staat und trugen den Tannenbaum in einen grossen, schönen Saal. Ringsherum an den Wänden hingen Bilder, und bei dem grossen Kachelofen standen grosse chinesische Vasen mit Löwen auf den Deckeln. Da waren Wiegestühle, seidene Sofas, grosse Tische voll von Bilderbüchern und Spielzeug für hundert mal hundert Taler; wenigstens sagten das die Kinder.

Der Tannenbaum wurde in ein grosses, mit Sand gefülltes Fass gestellt. Aber niemand konnte sehen, dass es ein Fass war, denn es wurde rundherum mit grünem Zeug behängt und stand auf einem grossen, bunten Teppich. Oh, wie der Baum bebte! Was würde da wohl vorgehen? Sowohl die Diener als auch die Fräulein schmückten ihn. An einen Zweig hängten sie kleine, aus farbigem

Papier ausgeschnittene Netze, und jedes Netz war mit Zuckerwerk gefüllt. Vergoldete Äpfel und Walnüsse hingen herab, als wären sie festgewachsen, und über hundert rote, blaue und weisse kleine Lichter wurden in den Zweigen festgesteckt. Puppen, die leibhaft wie die Menschen aussahen – der Baum hatte früher nie solche gesehen –, schwebten im Grünen, und hoch oben in der Spitze wurde ein Stern von Flittergold befestigt. Das war prächtig, ganz ausserordentlich prächtig!

«Heute Abend», sagten alle, «heute Abend wird er strahlen!» Und sie waren ausser sich vor Freude.

«Oh», dachte der Baum, «wäre es doch Abend! Würden nur die Lichter bald angezündet! Und was dann wohl geschieht? Ob da wohl Bäume aus dem Walde kommen, mich zu sehen? Ob die Meisen gegen die Fensterscheiben fliegen? Ob ich hier festwachse und Winter und Sommer geschmückt stehen werde?»

Ja, er wusste gut Bescheid, aber er hatte ordentlich Borkenschmerzen vor lauter Sehnsucht, und Borkenschmerzen sind für einen Baum ebenso schlimm wie Kopfschmerzen für uns andere.

Nun wurden die Lichter angezündet. Welcher Glanz, welche Pracht! Der Baum bebte dabei in allen Zweigen, sodass eins der Lichter das Grüne anbrannte; es sengte ordentlich.

«Gott bewahre uns!», schrien die Fräulein und löschten es hastig aus.

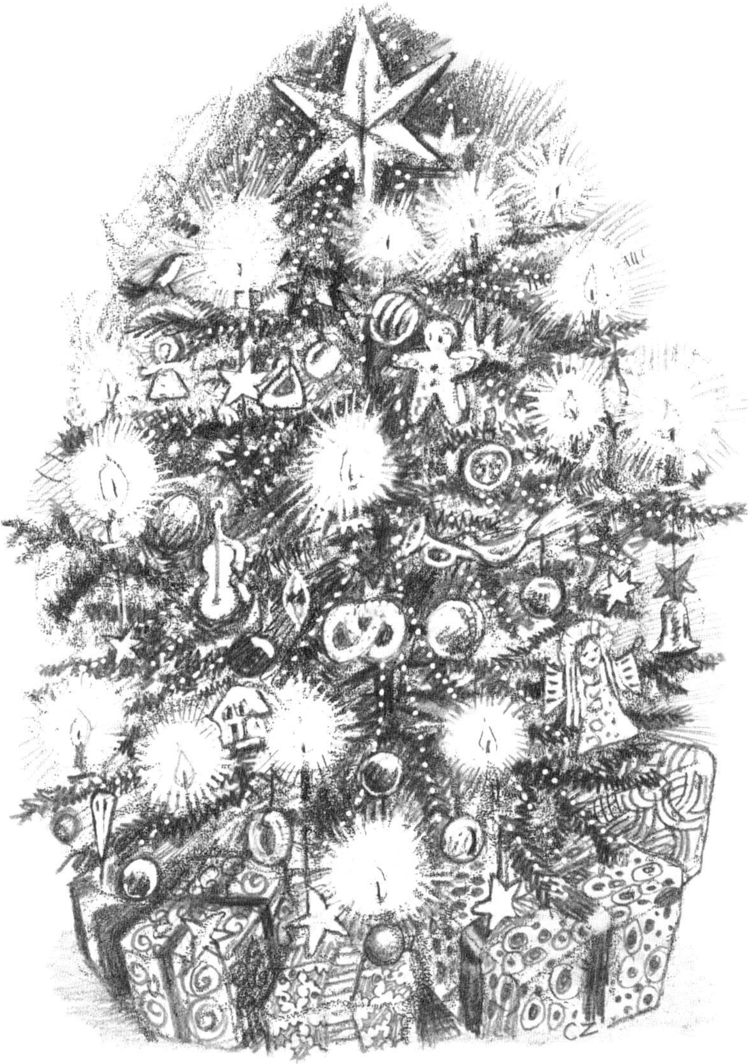

Nun durfte der Baum nicht einmal beben. Oh, das war ein Grauen! Ihm war bange, etwas von seinem Staate zu verlieren; er war ganz betäubt von all dem Glanze. Da gingen beide Flügeltüren auf, und eine Menge Kinder stürzten herein, als wollten sie den ganzen Baum umwerfen. Die ältern Leute kamen bedächtig nach. Die Kleinen standen ganz stumm, aber nur einen Augenblick, dann jubelten sie wieder, dass es laut schallte. Sie tanzten um den Baum herum, und ein Geschenk nach dem andern wurde abgepflückt und verteilt.

«Was machen sie?», dachte der Baum. «Was soll geschehen?» Die Lichter brannten gerade bis auf die Zweige herunter, und nachdem sie niedergebrannt waren, wurden sie ausgelöscht, und dann erhielten die Kinder die Erlaubnis, den Baum zu plündern. Sie stürzten auf ihn zu, dass es in allen Zweigen knackte. Wäre er nicht mit der Spitze und mit dem Goldstern an der Decke festgemacht gewesen, so wäre er umgefallen.

Die Kinder tanzten mit ihrem prächtigen Spielzeug herum, niemand sah nach dem Baume, ausgenommen das alte Kindermädchen, das zwischen die Zweige blickte. Aber es geschah nur, um zu sehen, ob nicht noch eine Feige oder ein Apfel vergessen sei.

«Eine Geschichte, eine Geschichte!», riefen die Kinder und zogen einen kleinen, dicken Mann gegen den Baum hin, und er setzte sich gerade unter ihn, «denn so sind wir im Grünen», sagte er, «und der Baum kann besonders

Nutzen davon haben, zuzuhören! Aber ich erzähle nur eine Geschichte. Wollt ihr die von Ivede-Avede oder die von Klumpe-Dumpe hören, der die Treppen hinunterfiel und doch erhöht wurde und die Prinzessin bekam?»

«Ivede-Avede!», schrien einige, «Klumpe-Dumpe!», schrien andere. Das war ein Rufen! Nur der Tannenbaum schwieg ganz still und dachte: «Komme ich gar nicht mit, werde ich nichts dabei zu tun haben?» Er hatte ja geleistet, was er sollte.

Der Mann erzählte von Klumpe-Dumpe, der die Treppen hinunterfiel und doch erhöht wurde und die Prinzessin bekam. Und die Kinder klatschten in die Hände und riefen: «Erzähle, erzähle!» Sie wollten auch die Geschichte von Ivede-Avede hören, aber sie bekamen nur die von Klumpe-Dumpe. Der Tannenbaum stand ganz stumm und gedankenvoll. Nie hatten die Vögel im Walde dergleichen erzählt. Klumpe-Dumpe fiel die Treppen hinunter und bekam doch die Prinzessin! «Ja, ja, so geht es in der Welt zu!», dachte der Tannenbaum und glaubte, dass es wahr sei, weil ein so netter Mann es erzählt hatte. «Ja, ja! Vielleicht falle ich auch die Treppe hinunter und bekomme eine Prinzessin!» Und er freute sich, am nächsten Tag wieder mit Lichtern und Spielzeug, Gold und Früchten und dem Stern von Flittergold aufgeputzt zu werden.

«Morgen werde ich nicht zittern!», dachte er. «Ich will mich recht aller meiner Herrlichkeit freuen. Morgen werde ich wieder die Geschichte von Klumpe-Dumpe und vielleicht auch die von Ivede-Avede hören.» Und der Baum stand die ganze Nacht still und gedankenvoll.

Am Morgen kamen die Diener und das Mädchen herein.

«Nun beginnt der Staat aufs Neue!», dachte der Baum. Aber sie schleppten ihn zum Zimmer hinaus, die Treppe hinauf, auf den Boden und stellten ihn in einen dunklen Winkel, wohin kein Tageslicht schien.

«Was soll das bedeuten?», dachte der Baum. «Was soll ich hier wohl machen? Was mag ich hier wohl hören sollen?» Er lehnte sich gegen die Mauer und dachte und dachte. Und er hatte Zeit genug, denn es vergingen Tage und Nächte. Niemand kam herauf, und als endlich jemand kam, so geschah es, um einige grosse Kasten in den Winkel zu stellen. Der Baum stand ganz versteckt, man musste glauben, dass er ganz vergessen war.

«Nun ist es Winter draussen», dachte der Baum. Die Erde ist hart und mit Schnee bedeckt, die Menschen können mich nicht pflanzen, deshalb soll ich wohl bis zum Frühjahr hier im Schutz stehen. Wie wohlbedacht ist das! Wie die Menschen doch so gut sind! Wäre es hier nur nicht so dunkel und schrecklich einsam. Nicht einmal ein kleiner Hase! Das war doch niedlich da draussen im Walde, wenn der Schnee lag und der Hase vorbeisprang, ja selbst, als er über mich hinwegsprang. Aber damals mochte ich es nicht leiden. Hier oben ist es doch schrecklich einsam!»

«Piep, piep!», sagte da eine kleine Maus und huschte hervor; und dann kam noch eine kleine. Sie beschnüffelten den Tannenbaum, und dann schlüpften sie zwischen seine Zweige.

«Es ist eine greuliche Kälte!», sagten die kleinen Mäuse. «Sonst ist hier gut sein, nicht wahr, du alter Tannenbaum?»

«Ich bin gar nicht alt!», sagte der Tannenbaum. «Es gibt viele, die weit älter sind denn ich!»

«Woher kommst du?», fragten die Mäuse, «und was weisst du?» Sie waren gewaltig neugierig. «Erzähle uns doch von den schönsten Orten auf Erden! Bist du dort gewesen? Bist du in der Speisekammer gewesen, wo Käse auf den Brettern liegen und Schinken unter der Decke hängen, wo man auf Talglicht tanzt, mager hineingeht und fett herauskommt?»

«Das kenne ich nicht», sagte der Baum, «aber den Wald kenne ich, wo die Sonne scheint und die Vögel singen!» Und dann erzählte er alles aus seiner Jugend. Die kleinen Mäuse hatten früher nie dergleichen gehört, sie horchten auf und sagten: «Wie viel du gesehen hast! Wie glücklich du gewesen bist!»

«Ich?», sagte der Tannenbaum und dachte über das, was er selbst erzählt hatte, nach. «Ja, es waren im Grunde ganz fröhliche Zeiten!» Aber dann erzählte er vom Weihnachtsabend, wo er mit Zuckerwerk und Lichtern geschmückt war.

«Oh», sagten die kleinen Mäuse, «wie glücklich du gewesen bist, du alter Tannenbaum!»

«Ich bin gar nicht alt!», sagte der Baum. «Erst in diesem Winter bin ich aus dem Walde gekommen. Ich bin in meinem allerbesten Alter! Ich bin nur so aufgeschossen.»

«Wie schön du erzählst!», sagten die kleinen Mäuse, und in der nächsten Nacht kamen sie mit vier anderen kleinen Mäusen, die den Baum erzählen hören sollten. Und je mehr er erzählte, desto deutlicher erinnerte er sich selbst an alles und dachte: «Es waren doch ganz fröhliche Zeiten! Aber sie können wiederkommen, können wiederkommen! Klumpe-Dumpe fiel die Treppe hinunter und bekam doch die Prinzessin; vielleicht kann ich auch eine Prinzessin bekommen.» Und dann dachte der Tannenbaum an eine kleine, niedliche Birke, die draussen im Walde wuchs. Das war für den Tannenbaum eine wirkliche, schöne Prinzessin.

«Wer ist Klumpe-Dumpe?», fragten die kleinen Mäuse. Da erzählte der Tannenbaum das ganze Märchen, er konnte sich jedes einzelnen Wortes entsinnen. Die kleinen Mäuse sprangen aus reiner Freude bis an die Spitze des Baumes.

In der folgenden Nacht kamen weit mehr Mäuse und am Sonntage sogar zwei Ratten, aber die meinten, die Geschichte sei nicht hübsch, und das betrübte die kleinen Mäuse, denn nun hielten sie auch weniger davon.

«Wissen Sie nur die eine Geschichte?» fragten die Ratten.

«Nur die eine», antwortete der Baum. «Die hörte ich an meinem glücklichsten Abend, aber damals dachte ich nicht daran, wie glücklich ich war.»

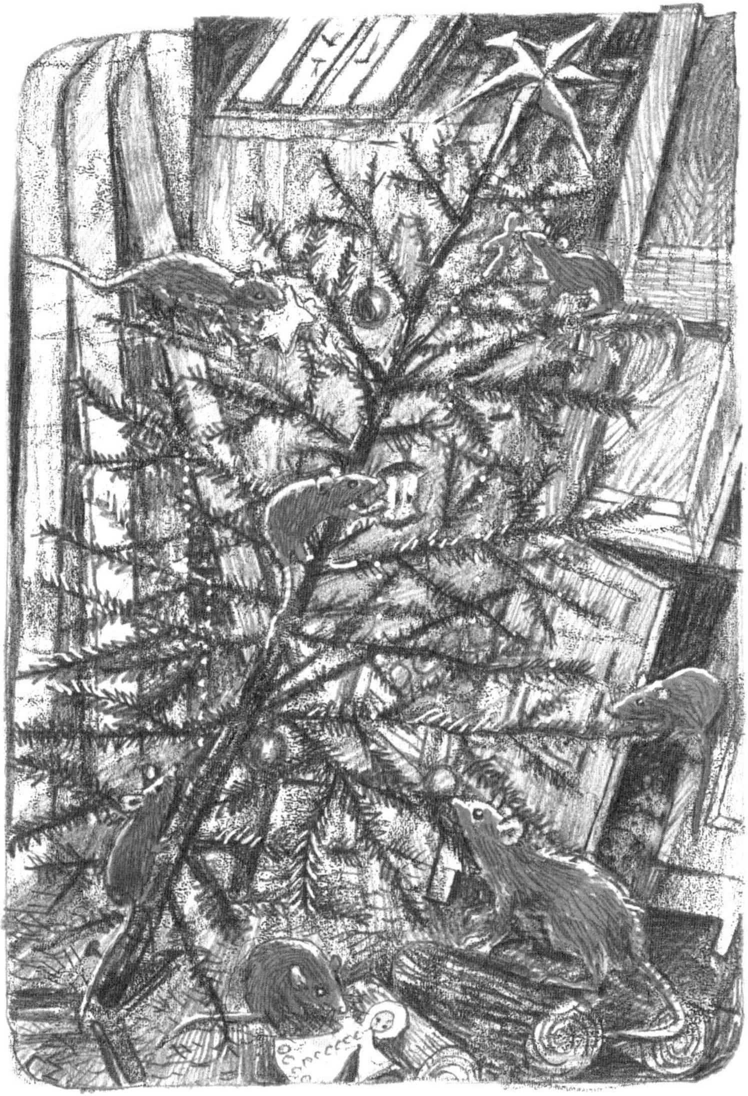

«Das ist eine höchst jämmerliche Geschichte! Kennen Sie keine von Speck und Talglicht? Keine Speisekammergeschichte?»

«Nein!», sagte der Baum. «Ja, dann danken wir dafür!», erwiderten die Ratten und gingen zu den Ihrigen zurück.

Die kleinen Mäuse blieben zuletzt auch weg, und da seufzte der Baum: «Es war doch ganz hübsch, als sie um mich herumsassen, die beweglichen kleinen Mäuse, und zuhörten, wie ich erzählte. Nun ist auch das vorbei! Aber ich werde gerne daran denken, wenn ich wieder hervorgenommen werde.»

Aber wann geschah das? Ja, es war eines Morgens, da kamen Leute und wirtschafteten auf dem Boden. Die Kasten wurden weggesetzt, der Baum wurde hervorgezogen; sie warfen ihn freilich ziemlich hart gegen den Fussboden, aber ein Diener schleppte ihn gleich nach der Treppe hin, wo der Tag leuchtete.

«Nun beginnt das Leben wieder!», dachte der Baum. Er fühlte die frische Luft, die ersten Sonnenstrahlen, und nun war er draussen im Hofe. Alles ging geschwind, der Baum vergass völlig, sich selbst zu betrachten, da war so vieles ringsumher zu sehen. Der Hof stiess an einen Garten, und alles blühte darin. Die Rosen hingen frisch und duftend über das kleine Gitter hinaus, die Lindenbäume blühten, und die Schwalben flogen umher und sagten: «Quirrevirrevit, mein Mann ist gekommen!» Aber es war nicht der Tannenbaum, den sie meinten.

«Nun werde ich leben!», jubelte der und breitete seine Zweige weit aus. Aber ach, die waren alle vertrocknet und gelb, und er lag da zwischen Unkraut und Nesseln. Der Stern von Goldpapier sass noch oben in der Spitze und glänzte im hellen Sonnenschein.

Im Hofe selbst spielten ein paar der munteren Kinder, die zur Weihnachtszeit den Baum umtanzt hatten und so froh über ihn gewesen waren. Eins der kleinsten lief hin und riss den Goldstern ab.

«Sieh, was da noch an dem hässlichen, alten Tannenbaum sitzt!», sagte es und trat auf die Zweige, sodass sie unter seinen Stiefeln knackten.

Der Baum sah auf all die Blumenpracht und Frische im Garten, er betrachtete sich selbst und wünschte, dass er in seinem dunklen Winkel auf dem Boden geblieben wäre. Er gedachte seiner frischen Jugend im Walde, des lustigen Weihnachtsabends und der kleinen Mäuse, die so munter die Geschichte von Klumpe-Dumpe angehört hatten.

«Vorbei, vorbei!», sagte der arme Baum. «Hätte ich mich doch gefreut, als ich es noch konnte! Vorbei, vorbei!»

Der Diener kam und hieb den Baum in kleine Stücke, ein ganzes Bund lag da; hell flackerte es auf unter dem grossen Braukessel. Der Baum seufzte tief, und jeder Seufzer war einem kleinen Schusse gleich. Deshalb liefen die Kinder, die da spielten, herbei und setzten sich vor das Feuer, blickten hinein und riefen: «Piff, paff!» Aber bei jedem Knalle, der ein tiefer Seufzer war, dachte der Baum an einen Sommerabend im Walde oder an eine Winternacht da draussen, wenn die Sterne funkelten. Er dachte an den Weihnachtsabend und an Klumpe-Dumpe, das einzige Märchen, das er gehört hatte und zu erzählen wusste und dann war der Baum verbrannt.

Die Kinder spielten im Garten, und das kleinste hatte den Goldstern auf der Brust, den der Baum an seinem glücklichsten Abend getragen hatte. Nun war der vorbei, und mit dem Baum war es vorbei und mit der Geschichte auch; vorbei, vorbei.

Und so geht es mit allen Geschichten!

Hans Christian Andersen

Der Schneemann

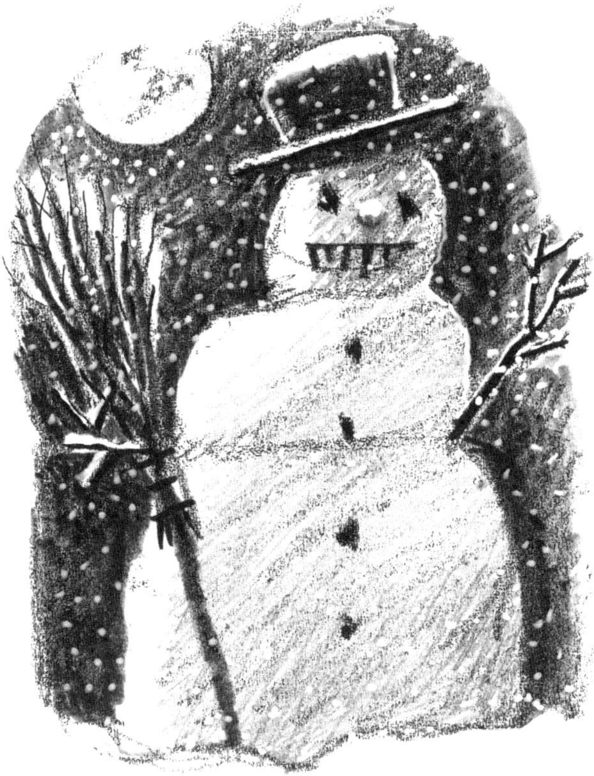

Eine so wunderbare Kälte ist es, dass mir der ganze Körper knackt!», sagte der Schneemann. «Der Wind kann einem wirklich Leben einbeissen. Und wie die Glühende dort glotzt!» Er meinte die Sonne, die gerade im Untergehen begriffen war. «Mich soll sie nicht zum Blinzeln bringen, ich werde schon die Stückchen festhalten.»

Er hatte nämlich statt der Augen zwei grosse, dreieckige Stückchen von einem Dachziegel im Kopf. Sein Mund bestand aus einem alten Rechen, folglich hatte sein Mund auch Zähne.

Geboren war er unter dem Jubelruf der Knaben, begrüsst vom Schellengeläut und Peitschenknall der Schlitten.

Die Sonne ging unter, der Vollmond ging auf, rund, gross, klar und schön in der blauen Luft.

«Da ist sie wieder von einer anderen Seite!», sagte der Schneemann. Damit wollte er sagen: Die Sonne zeigt sich wieder. «Ich habe ihr doch das Glotzen abgewöhnt! Mag sie jetzt dort hängen und leuchten, damit ich mich selber sehen kann. Wüsste ich nur, wie man es macht, um von der Stelle zu kommen! Ich möchte mich gar zu gern bewegen! Wenn ich es könnte, würde ich jetzt dort unten auf dem Eis hingleiten, wie ich die Knaben gleiten gesehen habe. Allein ich verstehe mich nicht darauf, weiss nicht, wie man läuft.»

«Weg, weg!», bellte der alte Kettenhund. Er war etwas heiser und konnte nicht mehr das echte «Wau, wau!»

aussprechen. Die Heiserkeit hatte er sich geholt, als er noch Stubenhund war und unter dem Ofen lag. «Die Sonne wird dich schon laufen lehren! Das habe ich vorigen Winter an deinem Vorgänger und noch früher an dessen Vorgänger gesehen. Weg, weg! Und weg sind sie alle!»

«Ich verstehe dich nicht, Kamerad», sagte der Schneemann. «Die dort oben soll mich laufen lehren?» Er meinte den Mond. «Ja, laufen tat sie freilich vorhin, als ich sie fest ansah, jetzt schleicht sie heran von einer anderen Seite.»

«Du weisst gar nichts!», entgegnete der Kettenhund. «Du bist aber auch eben erst aufgekleckst worden. Der, den du da siehst, das ist der Mond. Die, welche vorhin davongegangen ist, das war die Sonne. Die kommt morgen wieder, die wird dich schon lehren, in den Wallgraben hinabzulaufen. Wir kriegen bald anderes Wetter, ich fühle es schon in meinem linken Hinterbein. Es sticht und schmerzt; das Wetter wird sich ändern!»

«Ich verstehe ihn nicht», sagte der Schneemann, «aber ich habe es im Gefühl, dass es etwas Unangenehmes ist, was er spricht. Sie, die so glotzte und sich alsdann davonmachte, die Sonne, wie er sie nennt, ist auch nicht meine Freundin, das habe ich im Gefühl!»

«Weg, weg!», bellte der Kettenhund, ging dreimal um sich selbst herum und kroch dann in seine Hütte, um zu schlafen.

Das Wetter änderte sich wirklich. Gegen Morgen lag ein dicker, feuchter Nebel über der ganzen Gegend. Später

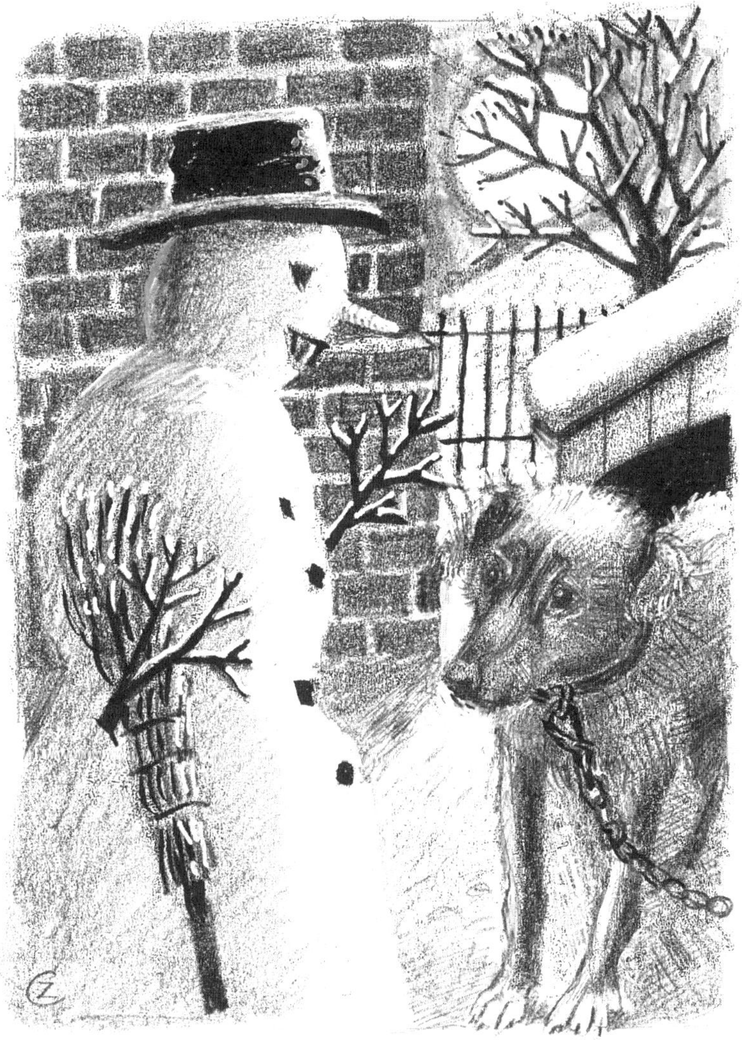

kam der Wind, ein eisiger Wind. Das Frostwetter packte einen ordentlich, aber als die Sonne aufging, welche Pracht! Bäume und Büsche waren mit Reif überzogen, sie glichen einem ganzen Wald von Korallen. Alle Zweige schienen mit strahlend weissen Blüten über und über besät. Die vielen und feinen Verästelungen, die der Blätterreichtum während der Sommerzeit verbirgt, kamen jetzt alle zum Vorschein. Es war wie ein Spitzengewebe, glänzend weiss, aus jedem Zweig strömte ein weisser Glanz. Die Hängebirke bewegte sich im Wind, sie hatte Leben wie alle Bäume im Sommer; es war wunderbar und schön! Und als die Sonne schien, nein, wie flimmerte und funkelte das Ganze, als läge Diamantenstaub auf allem und als flimmerten auf dem Schneeteppich des Erdbodens die grossen Diamanten. Oder man konnte sich auch vorstellen, dass unzählige kleine Lichter leuchteten, weisser selbst als der weisse Schnee.

«Das ist wunderbar schön!», sagte ein junges Mädchen, das mit einem jungen Mann in den Garten trat. Beide blieben in der Nähe des Schneemanns stehen und betrachteten von hier aus die flimmernden Bäume. «Einen schöneren Anblick gewährt der Sommer nicht!», sprach sie, und ihre Augen strahlten.

«Und so einen Kerl wie diesen hier hat man im Sommer erst recht nicht», erwiderte der junge Mann und zeigte auf den Schneemann. «Er ist hübsch».

Das junge Mädchen lachte, nickte dem Schneemann zu und tanzte darauf mit ihrem Freund über den Schnee dahin, der unter ihren Schritten knarrte und pfiff, als gingen sie auf Stärkemehl.

«Wer waren die beiden?», fragte der Schneemann.

«Liebesleute!», gab der Kettenhund zur Antwort. «Sie werden in eine Hütte ziehen und zusammen am Knochen nagen. Weg, weg!»

«Sind denn die beiden auch solche Wesen wie du und ich?», fragte der Schneemann.

«Die gehören ja zur Herrschaft!», versetzte der Kettenhund. «Freilich weiss man sehr wenig, wenn man den Tag zuvor erst zur Welt gekommen ist. Ich merke es dir an! Ich habe das Alter, auch die Kenntnisse. Ich kenne alle hier im Haus, und auch eine Zeit habe ich gekannt, da lag ich nicht hier in der Kälte und an der Kette. Weg, weg!»

«Die Kälte ist herrlich!», sprach der Schneemann. «Erzähle, erzähle! Aber du darfst nicht mit den Ketten rasseln. Es knackt in mir, wenn du das tust.»

«Weg, weg!», bellte der Kettenhund. «Ein kleiner Junge bin ich gewesen, klein und niedlich, sagte man. Damals lag ich auf einem mit Sammet überzogenen Stuhl dort oben im Herrenhaus, im Schoss der obersten Herrschaft. Mir wurde die Schnauze geküsst, und die Pfoten wurden mir mit einem gestickten Taschentuch abgewischt. Ich hiess Ami! Lieber Ami! Süsser Ami! Aber später wurde ich ihnen dort oben zu gross, und sie schenkten mich der

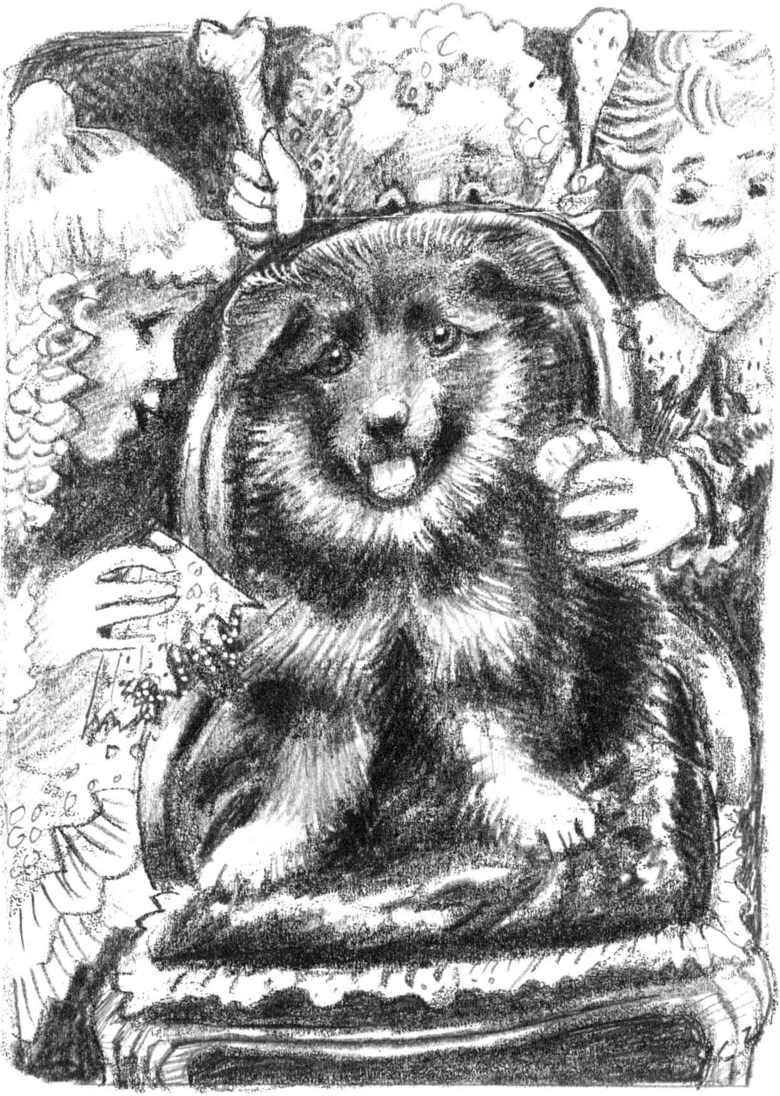

Haushälterin. Ich kam in die Kellerwohnung. Du kannst dorthin hinunterschauen, wo ich Herrschaft gewesen bin, denn das war ich bei der Haushälterin. Es war zwar ein geringerer Ort als oben, aber er war gemütlicher. Ich wurde nicht in einem fort von Kindern angefasst und gezerrt wie oben. Ich bekam ebenso gutes Futter wie früher, ja besseres noch! Ich hatte mein eigenes Kissen, und ein Ofen war da. Der ist um diese Zeit das Schönste von der Welt! Ich ging unter den Ofen, konnte mich darunter ganz verkriechen. Ach, von ihm träume ich noch. Weg, weg!»

«Sieht denn ein Ofen so schön aus?», fragte der Schneemann. «Hat er Ähnlichkeit mit mir?»

«Der ist gerade das Gegenteil von dir! Rabenschwarz ist er, hat einen langen Hals mit Messingtrommel. Er frisst Brennholz, dass ihm das Feuer aus dem Munde sprüht. Man muss sich an der Seite von ihm halten. Dicht daneben, ganz unter ihm, da ist es sehr angenehm. Durch das Fenster wirst du ihn sehen können, von dort aus, wo du stehst.»

Und der Schneemann schaute danach und gewahrte einen blank polierten Gegenstand mit messingner Trommel. Das Feuer leuchtete von unten heraus. Dem Schneemann wurde ganz wunderlich zumute, es überkam ihn ein Gefühl, er wusste selber nicht welches. Er konnte sich keine Rechenschaft darüber ablegen, aber alle Menschen, wenn sie nicht Schneemänner sind, kennen es.

«Und warum verliessest du sie?», fragte der Schneemann. Er hatte es im Gefühl, dass es ein weibliches Wesen sein musste. «Wie konntest du nur einen solchen Ort verlassen?»

«Ich musste wohl!», sagte der Kettenhund. «Man warf mich zur Tür hinaus und legte mich hier an die Kette. Ich hatte den jüngsten Junker ins Bein gebissen, weil er mir den Knochen wegstiess, an dem ich nagte: Knochen um Knochen, so denke ich! Das nahm man mir aber sehr übel, und von dieser Zeit an bin ich an die Kette gelegt worden und habe meine Stimme verloren. Hörst du nicht, dass ich heiser bin? Ich kann nicht mehr so sprechen wie die anderen Hunde: Weg, weg! Das war das Ende vom Lied!»

Der Schneemann hörte ihm aber nicht mehr zu, er schaute immerfort in die Kellerwohnung der Haushälterin, in ihre Stube hinein, wo der Ofen auf seinen vier eisernen Beinen stand und sich in derselben Grösse zeigte wie der Schneemann.

«Wie das sonderbar in mir knackt!», sagte er. «Werde ich nie dort hineinkommen? Es ist doch ein unschuldiger Wunsch, und unsere unschuldigen Wünsche werden gewiss in Erfüllung gehen. Ich muss dort hinein, ich muss mich an sie anlehnen, und wollte ich auch das Fenster eindrücken!»

«Dort hinein wirst du nie gelangen!», sagte der Kettenhund, «und kommst du an den Ofen hin, so bist du weg! Weg!»

Ich bin schon so gut wie weg!», erwiderte der Schneemann, «ich breche zusammen, glaube ich.»

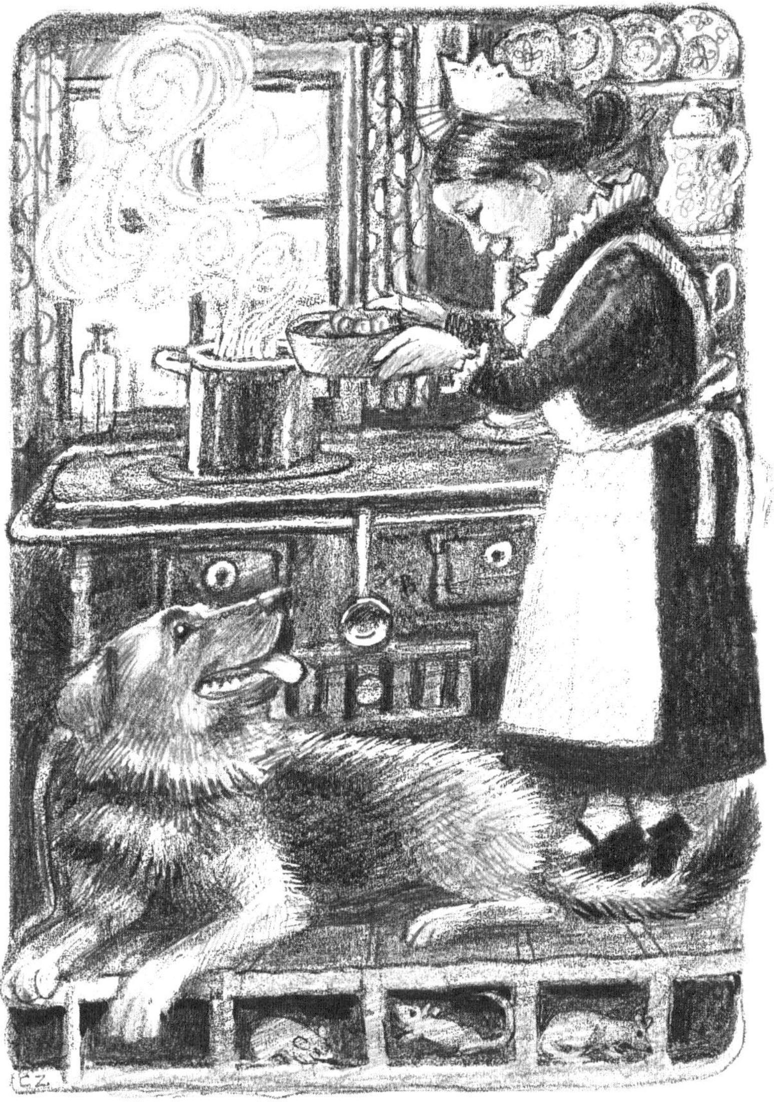
E.Z.

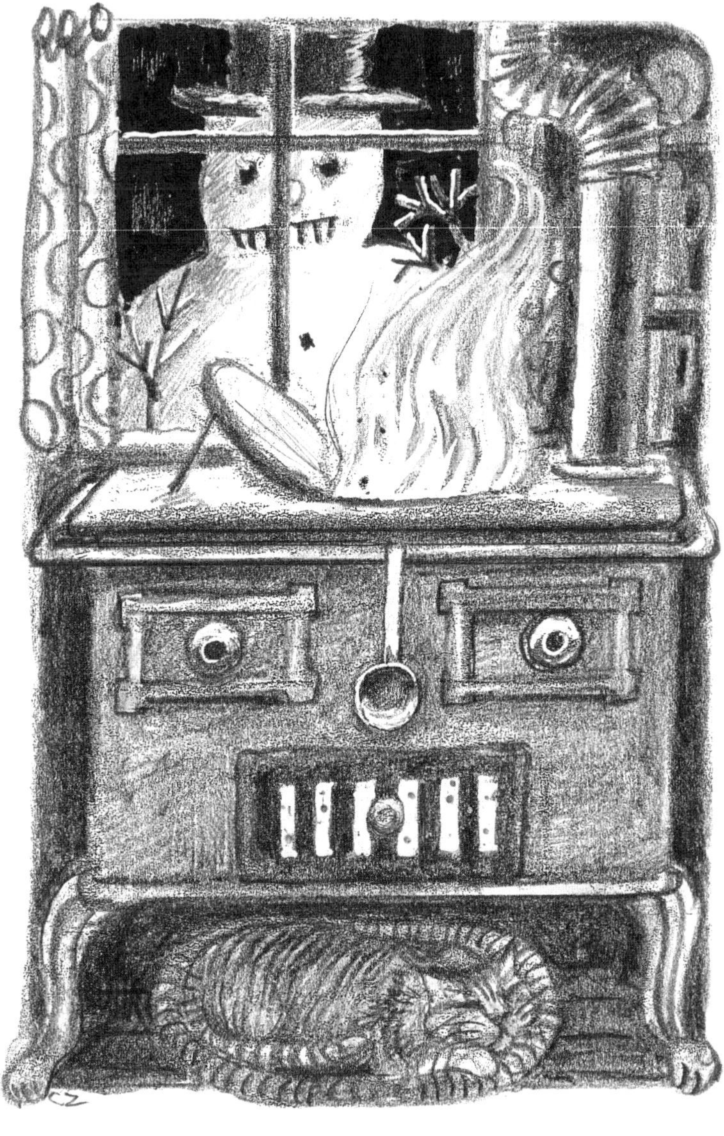

Den ganzen Tag stand der Schneemann da und schaute durchs Fenster hinein. In der Dämmerstunde wurde die Stube noch einladender. Vom Ofen her leuchtete es mild, gar nicht wie der Mond, nicht wie die Sonne; nein, wie nur der Ofen leuchten kann, wenn er etwas zu verspeisen hat. Wenn die Stubentür aufging, hing ihm die Flamme zum Munde heraus, diese Gewohnheit hatte der Ofen. Es flammte deutlich rot auf um das weisse Gesicht des Schneemannes, es leuchtete rot seine ganze Brust herauf.

«Ich halte es nicht mehr aus!», sagte er. «Wie schön es ihr steht, die Zunge so herauszustrecken!»

Die Nacht war lang, dem Schneemann ward sie aber nicht lang, er stand in seine eigenen schönen Gedanken vertieft, und die froren, dass es knackte.

Am Morgen waren die Fensterscheiben der Kellerwohnung mit Eis bedeckt. Sie trugen die schönsten Eisblumen, die ein Schneemann nur verlangen konnte. Allein sie verbargen den Ofen. Die Fensterscheiben wollten nicht auftauen. Er konnte den Ofen nicht sehen, den er sich als ein so liebliches weibliches Wesen dachte. Es knackte und knickte in ihm und rings um ihn her. Es war gerade so ein Frostwetter, an dem ein Schneemann seine Freude haben musste. Er aber freute sich nicht – wie hätte er sich auch glücklich fühlen können, er hatte Ofensehnsucht.

«Das ist eine schlimme Krankheit für einen Schneemann», sagte der Kettenhund. «Ich habe an der Krankheit gelitten, aber ich habe sie überstanden. Weg, weg!», bellte er. «Wir werden anderes Wetter bekommen!», fügte er hinzu.

Und das Wetter änderte sich. Es wurde Tauwetter.

Das Tauwetter nahm zu, der Schneemann nahm ab. Er sagte nichts, er klagte nicht, und das ist das richtige Zeichen.

Eines Morgens brach er zusammen. Und sieh, es ragte so etwas wie ein Besenstiel da, wo er gestanden hatte, empor. Um den Stiel herum hatten die Knaben ihn aufgebaut.

«Ja, jetzt begreife ich es, jetzt verstehe ich es, dass er die grosse Sehnsucht hatte!», sagte der Kettenhund. «Da ist ja ein Eisen zum Ofenreinigen an dem Stiel, der Schneemann hat einen Ofenkratzer im Leib gehabt! Das ist es, was sich in ihm geregt hat, jetzt ist das überstanden. Weg, weg!»

Und bald darauf war auch der Winter überstanden.

«Weg, weg!», bellte der heisere Kettenhund. Aber die Mädchen aus dem Hause sangen:

> Waldmeister grün! Hervor aus dem Haus,
> Weide! Die wollenen Handschuhe aus;
> Lerche und Kuckuck! Singt fröhlich drein,
> Frühling im Februar wird es sein!
> Ich singe mit: Kuckuck, kiwitt!
> Komm, liebe Sonne, komm oft – kiwitt!

Und an den Schneemann dachte niemand mehr.

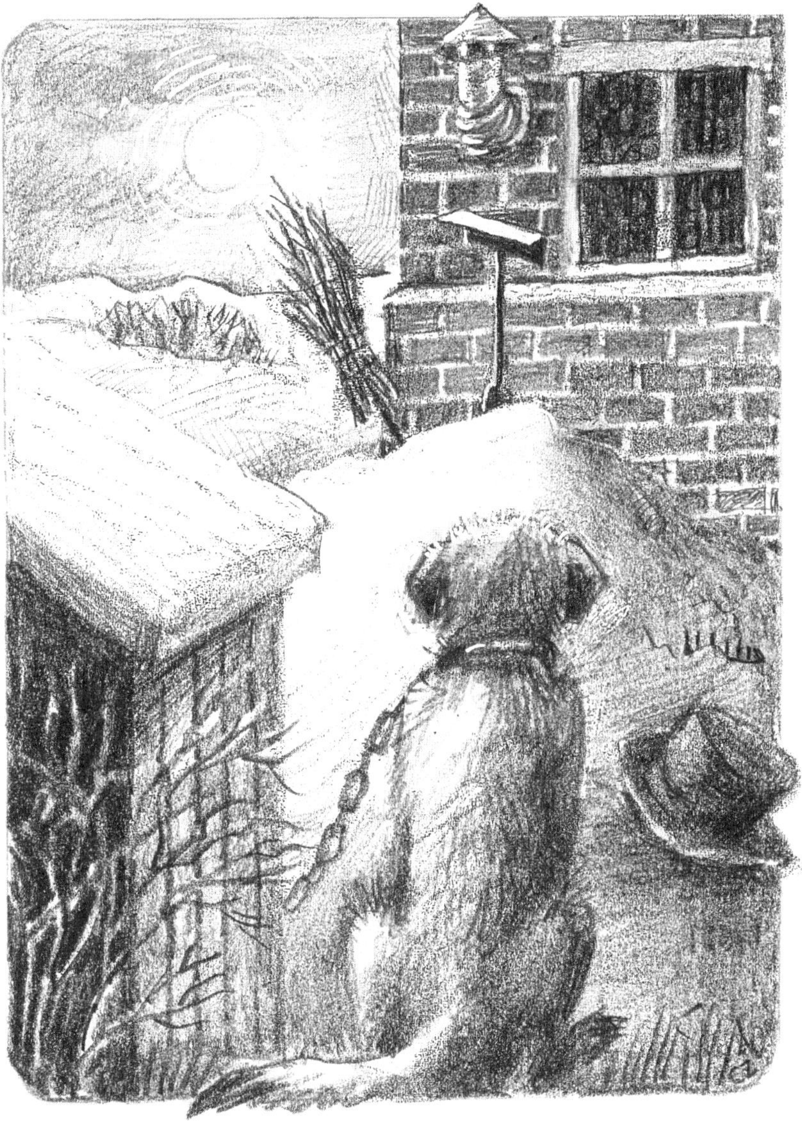